RÉUNION AMICALE

DES

ANCIENS ÉLÈVES

DU

COLLÈGE D'AUMALE

18 Août 1898

COMPTE-RENDU

FÉCAMP, IMP. M.-L. DURAND

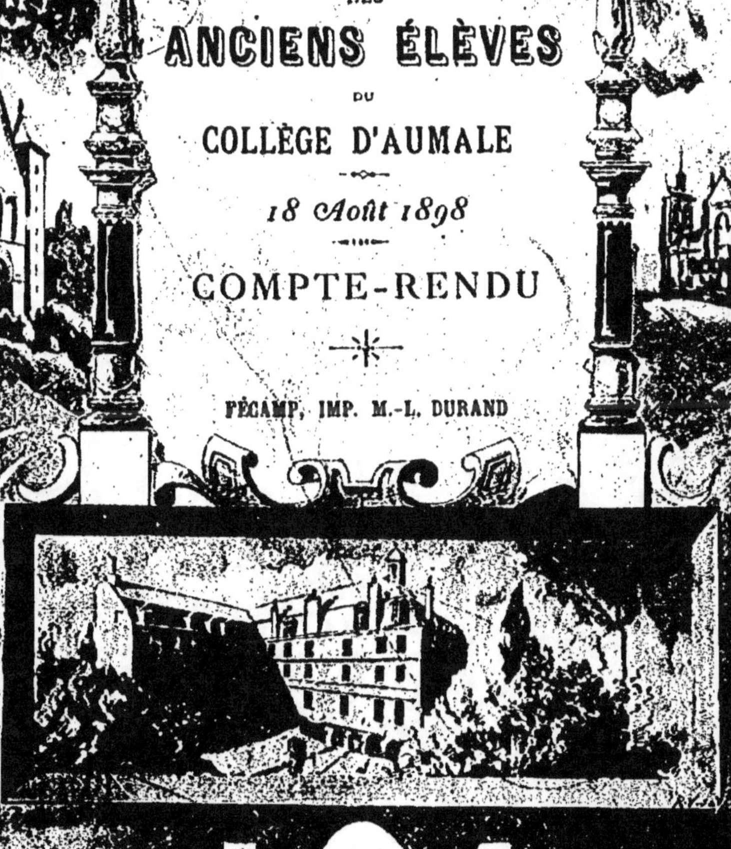

RÉUNION AMICALE DES ANCIENS ÉLÈVES

DU

COLLÈGE D'AUMALE

RÉUNION AMICALE
DES
ANCIENS ÉLÈVES
DU
COLLÈGE D'AUMALE
18 Août 1898
COMPTE-RENDU
FÉCAMP, IMP. M.-L. DURAND

RÉUNION AMICALE des ANCIENS ÉLÈVES

DU

COLLÈGE D'AUMALE

(Jeudi 18 Août 1898)

COMPTE - RENDU

A troisième *réunion amicale* des Anciens Elèves du Collège d'Aumale, a eu lieu le jeudi 18 août 1898.

Il y a progrès, un progrès lent mais sûr, dans le nombre des adhérents. Cent vingt-deux anciens élèves ont envoyé leur cotisation, et plus de cent sont présents. La fête, vraie fête de famille, a été plus cordiale encore, et par là même plus attrayante.

A 11 heures 1/4, M. le Doyen d'Aumale célèbre une messe basse, pour les anciens supérieurs, professeurs et élèves décédés, dans la Chapelle, toujours debout, et, qui, chaque année, nous paraît comme rajeunie, et plus gracieuse dans son cadre de verdure. S'il n'y avait ces murs affreux qui l'enserrent, qui l'emprisonnent, qui voudraient l'étouffer, et qui reçoivent, non pas nos pleurs, mais nos malédictions, on croirait, que ce vestige du passé, nous invite à l'espérance pour l'avenir. Mais comment oser concevoir une espérance... encore qu'ailleurs, sur le sol Normand, les mailles d'une chaîne, brisée depuis un siècle, se refassent une à une, et que des ruches forcément désertées en 1791, se repeuplent de jeunes et vigoureux essaims !

Dans le jardin, dans ce qui fut, autrefois, la *Cour des Petits* une tente est élevée, formant une vaste salle de réunion et de banquet. C'est du provisoire, c'est du passager ; mais on sait, que le passager et le provisoire sont parfois ce qu'il y a de plus solide et de plus durable. En tout cas, sous cette tente nous sommes à l'aise, nous nous trouvons fort bien, et nous avons l'avantage d'être sur notre terrain, *chez nous*, de nous abriter sur un coin du sol *où fut Troie*, UBI TROJA FUIT..., c'est-à-dire, où fut le Collège d'Aumale. Une tente pareille nous suffira, une fois l'an.

Le déjeûner, bien et rondement servi par la maison Mercier, d'Aumale, ne fut pas un festin à la Lucullus. Ce fut un repas de famille, joyeusement pris entre frères, égayé par les saillies des convives, par les histoires plaisantes, réminiscences du bon temps d'autrefois. On s'enquiert des camarades vivants, on donne un souvenir et un regret aux défunts, on plaint ceux à qui la vie a été, est encore dure. En quelque soixante minutes on revoit, on revit pas mal d'années.

Mais un moment vient où le silence se fait. Le président du banquet, un des plus anciens élèves du Collège, le bon Monsieur l'abbé Langlois, curé de

Tôtes, est debout, un manuscrit à la main ; tout le monde écoute et applaudit, tantôt en souriant, tantôt en comprimant une larme, l'histoire des origines du Collège, écrite par l'auteur, avec son cœur, plus encore qu'avec son esprit ; la voici :

Mes bien chers amis,

Vous accepterez facilement, n'est-ce pas, que je vous comprenne tous sous ce nom d'amis ? Il me semble si doux quand il exprime la vérité ! Or, je puis vous assurer que tous ceux d'entre vous que j'ai connus au collège, soit comme condisciples, soit comme élèves, ont toujours occupé une large place dans mes affections. Que les plus jeunes sachent aussi que j'ai pour principe invariable d'appeler ami, et d'aimer comme tel, tout ancien élève du Collège d'Aumale.

Les membres de notre Comité m'ont invité à prendre la parole. Vous le devinez assez : la charge n'est pas si facile à remplir, surtout après la charmante causerie de l'année dernière. Aussi ma première pensée avait été de décliner cet honneur, d'autant plus qu'à mon âge on a toujours à craindre quelque indisposition comme celle qui, il y a un an, m'a subitement empêché de venir à notre réunion, et ma peine en fut grande. On n'a pas 70 ans impunément. Mais après tout je me suis dit : Vieillesse oblige. Je me suis confié à la grâce de Dieu, et j'ai pris la plume volontiers, d'autant que je venais de lire quelques lignes du compte-rendu de l'année dernière, qui furent pour moi comme un trait lumineux ; mon thème s'y trouvait tout tracé. On y lit en effet : « Ces pages de M. Boivin sont l'histoire d'une « époque dans la vie de notre chère maison ; et cette « histoire mérite d'être reprise dans ses commen- « cements, dans ses origines, par les anciens « d'abord... » etc.

Je soupçonne qu'en écrivant ces lignes, notre secrétaire pensait à moi ; car pour un des anciens, j'en suis.

Il m'est assez facile de répondre à ce désir, et comme élève des premières années de la maison, et mieux encore comme ancien professeur, puisque j'eus alors les moyens de recueillir certains détails de la bouche même des fondateurs, M. Boulen et M. Lévesque.

Ce fut donc en 1834 que l'ancienne administration laïque du Collège, complètement tombée dans l'impuissance, fut remplacée par l'administration ecclésiastique, à la demande générale des autorités et des habitants de la ville. S. E. le cardinal Prince de Croy nomma à cet effet M. Boulen principal et lui adjoignit deux collaborateurs, MM. Lévesque et Petit (décédé curé de Saint-Godard de Rouen). Ce fut M. Labbé (Xavier), supérieur de la maison d'Yvetot, qui vint installer ces Messieurs. M. Boulen était un de ses professeur.

Hélas ! hélas ! les débuts ne furent pas brillants. Le Collège était à peu près vide, vide de tout ; jugez-en. Le nombre des pensionnaires était réduit à sa plus simple expression ; ils étaient UN ; et encore, ai-je lieu de supposer que le prix de sa pension se payait ordinairement en nature ; c'était le fils de l'épicier. Or, un jour que l'ancien principal faisait la classe d'arithmétique, le fils de l'épicier étant au tableau, il lui dit : Supposez que je doive 300 fr. à M. votre père ? Et l'élève de reprendre aussitôt avec une fière assurance : Monsieur, vous n'avez pas besoin de supposer, mettons que cela est (1). Heureusement, il y avait quelques externes pour occuper les deux professeurs.

Et le mobilier ? c'est à n'y pas croire. Au repas d'installation ces Messieurs étaient quatre. Tout naturellement chacun avait son assiette, mais une

(1) Le héros de cette histoire se trouvait parmi les anciens élèves présents à la réunion.

seule assiette ! Que le dîner fut frugal, c'est une supposition assez vraisemblable ; mais quelque fût le nombre des plats, le potage et le fricot, tout fut mangé dans la même assiette. Vint le dessert, consistant en une pomme cuite ; grand embarras des convives : ils s'interrogeaient de l'œil : où mettre la pomme ? L'un d'eux eut une idée ingénieuse, sans être tout à fait neuve ; il fit opérer à son assiette un mouvement de conversion et la plaça sens dessus dessous. Les autres imitèrent le mouvement, et à la satisfaction générale la pomme cuite fut mangée sur la partie convexe de l'assiette.

A la vue d'une telle pénurie en tous genres, la tristesse de M. Boulen était bien légitime. Pour relever son courage et lui donner un peu de consolation, on lui fit espérer qu'à la grande foire de Saint-Martin, les pensionnaires viendraient nombreux, et du pays de Bray et de la Picardie. Vaine espérance ! La Saint-Martin passa et les pensionnaires ne vinrent point. Il fallut donc se résigner jusqu'à la fin de cette première année. Mais l'épreuve devait avoir un terme. La rentrée du mois d'octobre 1835 fut très consolante. Les années suivantes le succès grandit, et grandit rapidement, à ce point qu'à la rentrée de 1840, où j'arrivais, nous étions plus de 70 pensionnaires. Il y avait déjà au grand séminaire plusieurs élèves, les abbés Roger, Polleux et Pajot (décédé doyen nommé de Bolbec).

Le Collège était bien fondé, et sa prospérité ne fît qu'augmenter de jour en jour ; à la fin de mes études, en 1846, nous étions près d'un cent. Les années suivantes continuèrent encore la progression. Et vous pouvez savoir comme moi que notre Collège fournissait un contingent respectable de vocations ecclésiastiques ; ce dont se réjouissait grandement le cœur du Prince de Croy. Il conservait une spéciale affection pour sa chère maison d'Aumale, son œuvre, qui lui permettait de trouver plus facilement des prêtres acceptant les paroisses du pays de Bray. Monseigneur Blanquart de Bailleul hérita de ses bons sentiments à l'égard de notre Collège, qui

continuait à faire le bien. Il me souvient en particulier que les trois rhétoriques de 1845, 46 et 47
envoyèrent au séminaire 22 élèves sur 30. Exception
j'en conviens, mais exception *(inter quos)* honorable.
laquelle avec plusieurs autres semblables auraien
pu être prises en considération avant l'acte de 1887.

Je passe. C'est le moment il me semble de rap
peler le nom des professeurs qui contribuèrent pai
leur zèle et leur dévouement (de mon temps ils
faisaient chacun deux classes) au développement et à
la bonne réputation de notre cher Collège.

A MM. Boulen, Lévesque et Petit, nommé:
plus haut, il faut ajouter M. Duval, esprit si fin, qu
professait la rhétorique, M. Bobée qui devait succé-
der à M. Boulen, MM. Thiesse, Morel, Poupel
Gobert, Mars, Polleux et autres, que vous avez pu
connaître comme moi.

Il est juste de rendre aussi témoignage au
concours si généreux et si empressé de l'administration municipale. Un autre l'a dit fort bien, et je
cède au plaisir de vous citer une des strophes com-
posées par M. Duval, et qui furent chantées à la
fête de M. Boulen, en février 1841 :

Honneur à ceux dont le courage
D'Isidore est le noble appui.
Honneur à ta main ferme et sage,
O Bourgois (1), n'est-tu pas pour lui ?
Dans nos murs sois fier d'espérance ;
N'as-tu pas vu ce fils de France (2)
Louer leur essor merveilleux ?
Applaudis-toi de ton courage,
Que ces murs soient pour toi le gage
D'un nom chéri de nos neveux.

Je veux aussi mentionner, ce ne sera que justice,

(1) C'était le maire d'Aumale.

(2) Le duc d'Aumale.

le nom de cet ami si intime de M. Boulen, M. Levasseur, doyen d'Aumale, tout dévoué pour notre maison. Il venait, tous les lundis, honorer, de sa présence, notre dîner au réfectoire; il se montrait si affable et si bienveillant pour l'élève qui avait eu le bonheur d'être trois fois de suite le premier dans les compositions! Comme on était fier d'aller soi-même inviter M. le Doyen, et d'être placé, au repas, entre lui et le principal. La mémoire de ce digne prêtre n'est-elle pas restée en vénération parmi nous autres, qui l'avons connu, comme dans sa bonne paroisse d'Aumale ?

Donnons encore en petit souvenir, en passant, à deux personnages domestiques, qui furent à l'œuvre dès les premiers jours. D'abord, la bonne femme que M. Boulen avait emmenée de son cher pays de Caux. On l'appelait la mère Marie. Une de ses fonctions consistait à donner des soins maternels aux petits, et elle s'en acquittait à merveille. Il fallait voir comme elle était heureuse au milieu de ses occupations. Il me souvient, avec une vraie reconnaissance, que ma tête a passé plusieurs fois par ses mains.

L'autre personnage était plus important, et surtout plus encombrant, c'était le cuisinier, l'illustre Baptiste. Il ne m'appartient pas de juger ses connaissances culinaires; ce que je ne puis oublier, ce n'est pas sa propreté, mais plutôt le défaut contraire ; on en gémissait généralement. Je me garderai d'entrer dans tous les détails, un seul trait suffira. Il n'y avait pas à la cuisine le grand fourneau économique, qui n'est venu qu'après lui ; donc les rôtis se faisaient à la broche. Il arrivait parfois que le cuisinier avait du mal à débrocher ses morceaux. Alors Baptiste, impatienté, employait un moyen expéditif et plus énergique : il saisissait la broche des deux mains, et le pied accomplissait sur le gigot la seconde partie de l'opération. Alors, malheur à celui à qui échouait le morceau touché. On a parlé de certains autres défauts qui pouvaient nuire aux intérêts de la maison. Bref, M. Boulen avait résolu de se débarrasser de son cuisinier. Mais comment s'y prendre ? Il paraît qu'on cherchait un moyen d'exécution, quand M. Duval, qui s'occupait des pièces de comédie pour la Saint-Isidore, eut une idée géniale. Il dit à M. Boulen : Laissez-moi faire, j'ai mon secret. Et, de collaboration avec M. Martin, professeur de musique, il composa un charmant vaudeville. Le sujet était : les embarras d'un cuisinier pour organiser le dîner d'une grande fête. L'acteur principal, le cuisinier, s'appelait naturellement Baptiste Brûlé ; les autres acteurs étaient pour la plupart des fournisseurs qui venaient tour-à-tour critiquer, vexer, aplatir le malheureux chef et passer en revue, avec beaucoup d'esprit, toutes les misères reprochées au vrai Baptiste, lequel, par malheur pour lui, et par bonheur pour tout le monde, assistait à la réprésentation. Le coup porta juste ; Baptiste se sentit joué ; il eut le bon esprit de se fâcher, de se fâcher tout rouge ; et il eut l'esprit meilleur encore de vouloir s'en aller. C'est tout ce que l'on désirait. Mais son compte ne fût pas facile à régler, paraît-il. Il avait quelques ressources et ne consentait jamais à recevoir son argent. Comme on voulait lui fermer la bouche, en tous points, le professeur de mathématiques, M. Poupel, passa le temps convenable, et couvrit de chiffres ce qu'il fut nécessaire de papier pour lui payer le capital avec les intérêts, et les intérêts des intérêts. Baptiste partit, et comme l'affaire de son successeur était en voie de préparation, il fut immédiatement remplacé par des religieuses d'Ernemont. Tout fut alors pour le mieux. Les religieuses s'occupaient de la cuisine, de l'infirmerie et de la lingerie ; et maîtres et élèves n'eûrent qu'à se louer de leur activité, d'une propreté jusqu'alors inconnue, et d'une maternelle sollicitude pour les malades. Offrons-leur de nouveau l'expression sincère de notre reconnaissance.

Puisque je parle du personnel, j'ai à cœur de rappeler deux noms qui furent longtemps mêlés aux travaux de la maison. Oh ! les braves gens que le père Roussel, menuisier, et le père Gamard, le grand faiseur de cidre, l'ouvrier hors ligne, au jugement équitable de M. le Principal; tous deux dévoués jusqu'à la dernière limite, tous deux ouvriers à toutes mains, et obéissants en toute simplicité. Pourquoi n'en dirai-je pas autant de Lefebvre (François), et de celui si bien connu sous son prénom d'Hyacinthe? Honneur à ces vaillants et bons serviteurs !

Puisque ces souvenirs paraissent vous être agréables, qu'il me soit permis de faire revivre un instant la mémoire d'un type assez original, de ce petit bonhomme, venu du département des Landes, qui raccommodait nos chaussures dans son échoppe, en tirant le cordon de la grande porte ; il s'appelait Candolive. Qui ne se rappelle son accent et la tournure de ses phrases aussi singulière que celle de sa personne. Un exemple. Un dimanche matin, le père d'un élève vint demander son fils au parloir. C'était pendant la tenue du Conseil, et il fallait la permission de M. Boulen : Candolive, ayant frappé, entr'ouvre discrètement la porte du sanctuaire, et de sa voix nazillarde, s'écrie, en tremblant un peu, avec son accent landais qui rendait sa phrase plus étrange, plus comique encore : *M. le Principal, Semichon, son père il est en bas.* Le mot a été longtemps répété entre nous.

Que vous dire encore ? On a parlé suffisamment de l'incendie, mais on n'a rien dit d'un autre fait, d'un autre désastre dont j'ai été témoin comme professeur. Ce n'était pas le feu qui nous malmenait, c'était l'eau. Un jour de juin, en 1853 ou 1854, dans l'après-midi, un violent orage éclata tout-à-coup sur la ville, et particulièrement, je crois, sur le Collège. La pluie tomba par torrents, dans toute la vérité du mot, pendant plus d'une demi-heure. En moins de dix minutes, la cour de récréation fut transformée en lac ; ces eaux s'écoulèrent en telle abondance et avec si grande rapidité, que l'escalier qui conduit à la cour fut presque complètement détruit. Les jardins de chaque côté furent dévastés, les arbustes déracinés, et les pommes de terre, oh ! les malheureuses, toutes arrachées et s'abandonnant au courant impétueux qui les emportait. Le plus grand nombre vinrent s'échouer contre le réfectoire, mais quelques-unes, plus vagabondes, traversèrent le parloir au milieu des flots, et, franchissant la grande porte, forcément ouverte, allèrent se promener en face, sur la place du Marché. On ne put parvenir à boucher à temps les ouvertures des caves, et les bouteilles de vin, dans le caveau, ne tardèrent pas à se remuer et à danser une sarabande échevelée, au grand désespoir de M. Boulen. Ce fut donc un vrai désastre, mais uniquement matériel, et, comme pour celui de l'incendie, on put s'en relever assez promptement.

J'ai raconté cette humide histoire avec intention, parce que plus tard le fait fut rappelé, si je ne me trompe, à la bénédiction de la nouvelle chapelle où nous étions réunis tout-à-l'heure. On cita avec beaucoup d'à-propos ce verset du psaume 65me *Transevimus per ignem et aquam, et eduxisti nos in refrigerium.* Ne dirait-on pas que la phrase était faite exprès pour nous, et cette nouvelle chapelle, après l'eau et le feu, n'était-elle pas un doux rafraîchissement, une bienfaisante consolation.

Laissez-moi franchir quelques années pour jeter un regard attristé, mais rapide, sur un désastre plus affreux, parce qu'il est irréparable, du moins jusqu'à ce jour. Nous n'avons plus notre chère maison ! Oh ! alors, à ce moment terrible, n'avons-nous pas tous passé encore une fois par les grandes eaux de la tribulation, par le feu d'une indignation bien légitime pour des enfants qui voient leur mère, comme le disait avec une si saisissante tendresse l'abbé Polleux, un jour de distribution des prix, qui voient leur mère, dis-je, abandonnée, malgré les services rendus et malgré les services qu'elle pouvait rendre encore ? Oui, de nouveau *transivimus per ignem et aquam.*

Vous le savez comme moi, mes chers amis, le bon Dieu a coutume de mettre une part de consolation à côté de chaque douleur. Remercions-le de cette consolation qui est celle de pouvoir, depuis trois ans, nous réunir ici, nous revoir, nous embrasser dans une étreinte fraternelle, en mêlant nos larmes de tristesse à nos larmes de joie ; et ainsi la fin du verset du psaume peut bien nous convenir : *et eduxisti nos in refrigerium.*

Voulez-vous me permettre, en finissant, de céder à une petite tentation de vanité ? Vous me le pardonnerez volontiers, je pense, puisque cette tentation m'est inspirée par les nobles sentiments d'un filial amour et d'une juste reconnaissance.

Donc, il y a deux ans, à notre première réunion, j'étais comme vous au comble de la joie, dans toute l'ivresse du bonheur et de l'enthousiasme. Pendant le repas, j'avais crayonné quelques mots avec l'idée de vous les communiquer. Mais une convenance facile à comprendre me fit garder le silence. Plus hardi aujourd'hui et confiant en votre indulgence, je me décide à vous lire ces six lignes retrouvées dans un coin de mon agenda. J'avais donc écrit :

Je te revois, Aumale ! oh ! ma maison chérie ;
Dans tes murs bien aimés, j'ai coulé de ma vie
Les plus heureux de tous les jours.
Je te revois, Aumale ! et du fond de mon âme,
Avec sincérité, bien haut je le proclame :
A toi mes plus tendres amours.

Pour aujourd'hui, permettez-moi d'ajouter encore six lignes :

Je vous revois, amis, chers compagnons d'étude,
Mais, hélas, ce n'est pas sans une inquiétude
Bien naturelle à concevoir :
Quand nous reverrons-nous ?... Nourrissons l'espérance,
Et gardons en nos cœurs la douce confiance
Un jour au ciel de nous revoir.

Et maintenant, je lève mon verre à la santé de tous les aumalois !

M. l'abbé Caülle, chanoine honoraire, curé-doyen d'Eu, nommé depuis vicaire général, et Président de la *Réunion Amicale des Anciens Élèves*, prend ensuite la parole, et s'exprime en ces termes :

Messieurs,

Si vous le permettez, je m'autoriserai du titre de Président de votre Association pour présenter à M. le Curé de Tôtes des remerciements et des félicitations bien méritées, à l'adresse de la causerie familière et touchante dont il vient d'égayer la fin de ce repas.

Nul de ceux qui connaissent le cœur et l'esprit de M. l'abbé Langlois n'a éprouvé de surprise en l'entendant. Il fut jadis — je parle, hélas ! de trop longtemps — un des professeurs distingués du collège. Quand les hommes de mon âge vinrent s'asseoir ici sur les bancs, sa chaire était déjà vide. Mais des échos très flatteurs rappelaient encore le souvenir de ses leçons, et nous racontaient quel incomparable maître de mathématiques il fut, doux, aimable, toujours patient, tel qu'on n'en voit guère. Comme nous prisions, rétrospectivement, nous qui vivions à l'âge de bronze, ces légendes de l'âge d'or de l'enseignement scientifique ! Ah ! qu'il était beau le temps où l'affabilité du professeur prêtait des charmes à la géométrie et des grâces à l'algèbre ! Ces vénérables personnes, à mine rébarbative, nous auraient sans doute séduits davantage si nous avions eu pour introducteur près d'elles le modeste et doux poète que vous venez d'applaudir.

Mais notre maître n'était qu'un savant. Pour le suivre avec joie dans les âpres sentiers, hérissés de formules et de triangles, il fallait posséder l'esprit scientifique, comme, par exemple, le sympathique trésorier laïque de notre Association.

Je répondrai certainement à la pensée de tous les prêtres, enfants de ce collège, en remerciant chaleureusement les laïques qui sont venus aujourd'hui renouer avec nous, dans ces murs déserts, les liens de l'ancienne camaraderie et raviver les amitiés et les souvenirs du jeune âge. Tous n'ont pu répondre à notre appel. Plusieurs en ont exprimé le regret dans les termes les plus bienveillants, notamment M. Gruel, conservateur des hypothèques, etc.

Il est bon, n'est-il pas vrai, de se retrouver ensemble et de redevenir de vrais frères pour quelques heures. Il semble que le passé ressuscite et que, dans ces cours, circule encore la brise de notre printemps. A son souffle, le front croit rajeunir et le cœur se rafraîchit et se retrempe.

Nous sommes heureusement de ceux dont les voies, quoique différentes, sont restées parallèles. Fidèles aux grands principes de la même éducation, nous pouvons, laïques et prêtres, nous tendre la main avec confiance, à propos de toutes les questions capitales, sûrs de nous rencontrer dans une fraternité d'idées dès qu'il s'agit d'honneur, de devoir et de patriotisme. D'ailleurs, partout où se rencontrent dans notre pays un prêtre et un laïque qui sympathise avec lui, on peut être certain qu'il y a réunis deux amis de la France, et qu'il ne sera prononcé aucune parole blasphématoire contre sa grandeur et son avenir, ni contre l'armée qui en est un des instruments principaux.

Je remercie enfin de leur présence au milieu de nous, les anciens professeurs de collège qui n'en ont pas été d'abord les élèves. Ils se sont montrés bien aimables en se rendant ici nombreux à notre invitation C'était pour nous un devoir de la leur adresser. Ne sont-ils pas de la famille? Oui, et au premier de tous les titres, puisqu'ils ont rempli, dans l'ordre le plus élevé, le rôle de pères auprès des enfants que cette maison a nourris.

Elle vous a dû, Messieurs, une bonne part de son renom, de ses succès et de son influence bienfaisante. Beaucoup d'entre vous ont mis à son service les trésors d'une haute intelligence. Combien ont poussé pour elle le dévouement aussi loin qu'une âme de prêtre peut le porter! Je vous nommais tout-à-l'heure les pères de nos enfants. Il en est parmi vous à qui une appellation plus tendre aurait mieux convenu et qui, par la délicatesse de leur surnaturelle affection, par les soins assidus, persévérants, pénibles, donnés le jour et la nuit à l'âme et au corps des élèves, ont montré qu'ils avaient pris à la lettre le conseil de Fénélon aux éducateurs : « Soyez mères. » On me permettra de nommer, parmi ces maîtres au cœur vraiment maternel, M. l'abbé Leclerc, curé de Smermesnil, qui, pendant douze ans, fut un de nos collègues les plus aimables, les plus pieux et les plus dévoués.

Tant de zèle et tant d'efforts vous ont rendus nôtres. Aussi, quand nous nous retournons vers le passé, nous pensons à vous avec reconnaissance, et quand nous regardons votre présent et augurons les promesses de votre avenir, nous nous croyons le droit d'être fiers. Vos services et vos honneurs dans l'Eglise nous paraissent un peu notre patrimoine. Nous sommes fiers en particulier de pouvoir saluer ici un curé de Rouen en la personne de M. l'abbé Sarrazin; nous sommes fiers surtout de voir un des maîtres les plus dévoués de ce collège devenu un des plus zélés curés de cette importante paroisse d'Aumale, travailler de toute son âme à faire aimer Dieu dans une église où il l'a magnifiquement logé.

Je lève mon verre à M. l'abbé Langlois, à nos anciens camarades laïques, aux anciens professeurs du collège qui n'en furent pas élèves.

Les applaudissements, les bravos, interrompent l'honorable président, presque à chaque phrase, et lui prouvent qu'il a bien et éloquemment exprimé les pensées, les sentiments de chacun des auditeurs.

Le déjeuner s'achève, et bientôt après commence la discussion des questions posées dans la lettre d'invitation.

Convient-il de transformer la simple Réunion en Association ? Les avantages, mis en parallèle avec les inconvénients, paraissent de nature à l'emporter sur ces derniers. Aussi est-il décidé à l'unanimité qu'une Association sera formée entre les Anciens Elèves du Collège d'Aumale.

Le Secrétaire donne lecture du projet de statuts élaboré entre les membres du Comité d'organisation. Quelques points laissés intentionnellement en suspens, sont tranchés, on peut dire à l'unanimité des membres présents. Quelques additions sont faites de même. Et il est entendu que douze articles formant les statuts de l'Association seront soumis à l'approbation de l'autorité compétente. Nous les reproduisons, tels qu'ils ont été votés :

RÉUNION AMICALE

DES

ANCIENS ÉLÈVES du COLLÈGE d'AUMALE

STATUTS

ARTICLE I

Une Réunion Amicale est formée entre les

Anciens Elèves et Professeurs du Collège d'Aumale. Le siège de cette réunion est à Aumale.

Article II

La Réunion Amicale a pour objet :

1° D'entretenir ou de renouer les relations d'amitiés formées autrefois pendant le temps des études ;

2° De procurer aux membres de la Réunion l'occasion de se revoir, de se rendre service les uns aux autres, et de se prêter un mutuel concours.

Article III

Toute discussion religieuse ou politique est interdite entre les membres de la Réunion.

Article IV

Les membres de la Réunion versent une cotisation fixée à *dix francs*. Les fonds provenant des cotisations sont employés à couvrir les dépenses occasionnées par la Réunion annuelle, telles que frais d'impressions pour lettres de convocation et pour le compte-rendu, organisation du banquet, etc.

Article V

Les cotisations seront réclamées aux adhérents au moyen d'une quittance signée par le Trésorier, extraite d'un registre à souche, et présentée à domicile par la poste.

Article VI

Chaque année, au mois d'août, au jour qui sera fixé par la Réunion, a lieu à Aumale la Réunion générale de tous les membres de l'Association. Une messe basse, un déjeuner, une séance pour le compte-rendu moral et financier de la Société, composent les divers éléments de cette réunion.

Article VII

La Réunion est administrée par un Comité de dix membres. Le Président est nommé pour trois ans et par la Réunion générale. Puis les neuf autres membres sont nommés également en Réunion générale.

Article VIII

Le Comité se constitue en nommant, parmi ses membres, un Vice-Président, un Secrétaire et un Trésorier.

Article IX

Les membres du Comité se renouvellent chaque année par tiers, et par rang d'ancienneté. (Le sort désignera, pour les deux premières années, les membres sortants). Les membres sortants sont rééligibles. La Réunion générale pourvoira aux vacances qui se produiraient dans le Comité par décès ou par démission ; et elle pourra également choisir un ou plusieurs Présidents d'honneur.

Article X

Le Comité choisit et invite chaque année le

Président du Banquet, chargé de prononcer l'allo-cution d'usage à la fin du repas.

ARTICLE XI

Les présents Statuts ne pourront être modifiés qu'en Réunion générale, et après un rapport favorable du Comité.

ARTICLE XII

Comme, par la force des choses, la Réunion ne pourra se recruter, ni durer indéfiniment, que ses membres iront en diminuant, et qu'il faut prévoir sa disparition avec le temps, ou sa dissolution, il est décidé que les fonds, qui seraient alors disponibles dans la caisse, seront pour une moitié versés au Secrétariat de l'Archevéché, et pour l'autre moitié employés à secourir un ou plusieurs anciens élèves, tombés dans l'infortune, et ce, à la décision du Comité alors existant.

Il n'a point paru nécessaire d'ajouter à ces arti-cles, — qu'on peut faire partie de la *Réunion Amicale* sans s'astreindre à venir chaque année à Aumale, lors de la Réunion générale, quand on a pour s'absen-ter des empêchements, des raisons qui peuvent ne se présenter qu'au dernier moment, — qu'il suffit, pour être compté au nombre des adhérents de donner son nom et de payer la cotisation. Ce sont choses enten-dues autant que raisonnables. Tous les membres présents l'ont compris ainsi. Et l'explication, donnée de vive voix, a été applaudie et approuvée par tous les assistants.

De même, personne n'a demandé pourquoi le dernier article des Statuts portait qu'à la dissolution de l'Association, la moitié des fonds, restant en caisse, serait versée au Secrétariat de l'Archevêché. Tout le monde a saisi, que c'était un moyen de reconnaître, et de remercier la délicate attention du Pontife qui met à notre disposition, pour la Réunion Amicale des Anciens Elèves, cette propriété diocésaine.

Sur les amicales observations présentées par plusieurs anciens élèves, il est décidé, qu'à l'avenir, les places ne seront plus assignées, par des cartes, au banquet, mais que tous les membres présents à la réunion se rangeront à table suivant leur rang d'ancienneté, et avec leurs condisciples d'autrefois. Il n'y aura d'exception que pour les Présidents de l'Association et du banquet, et pour les invités étrangers, qui seront à la table d'honneur. C'est un usage excellent, pratiqué dans des associations similaires ; c'est de la vraie fraternité, et c'est le moyen de mettre encore plus d'entrain et de cordialité entre anciens camarades.

Enfin, il est décidé, aux applaudissements unanimes de l'assistance, que, chaque année, il sera offert, aux frais de l'Association et en son nom aux élèves de l'Ecole-Pensionnat Saint-Joseph d'Aumale, un prix dit des *Anciens Elèves du Collège.*

Le règlement de l'Association est voté. On procède alors à la nomination, pour trois ans, du Président et des membres du Comité qui l'administreront.

Usant de la faculté qui lui est conférée par l'article neuvième, la Réunion choisit tout d'abord un *Président d'honneur*.

M. le chanoine Ansselin, doyen du Chapitre Métropolitain, est acclamé *Président d'honneur*.

Puis sont nommés :

Président : M. l'abbé Caulle, chanoine honoraire, curé-doyen d'Eu, aujourd'hui Vicaire général.

Membres du Comité :

MM. Boutry, propriétaire à Aumale.

Bonnamy, chanoine honoraire, curé-doyen d'Aumale.

Camier, négociant à Aumale.

Alexandre, chanoine honoraire, curé-doyen de Fécamp.

Lechesne, fondeur à Bolbec.

Legris, curé-doyen d'Envermeu.

Levesque, agriculteur à Gaillefontaine.

Levillain, curé-doyen de Forges-les-Eaux.

Monchaux, curé de Vieux-Rouen.

La prochaine Réunion générale est ensuite fixée à la date du *jeudi 17 août 1899*.

Dans une fête de famille les joyeuses chansons

ne sont pas déplacées. Aussi est-ce avec une visible satisfaction qu'un amateur de la ville et après lui des élèves de l'Ecole-Pensionnat Saint-Joseph, se succèdent sur le modeste théâtre, annexé à la salle de banquet, et dans une série de monologues, de chansonnettes, de saynètes comiques, donnent à la réunion une note humoristique et agréable. Cette innovation est appréciée de tous les assistants et elle complète heureusement toutes les conversations amicales, qu'échangent entre eux les Anciens Elèves.

Qu'il est donc doux et bon de se revoir ainsi et de se ressouvenir ! Si vite que le temps ait passé, c'est une journée qui resplendit sur l'année entière et qui fait oublier bien des préoccupations et des tracas. On y puise une nouvelle énergie et une nouveau courage pour l'accomplissement de ses devoirs d'état.

Quand il faut se quitter, après ces quelques heures, on se serre plus cordialement la main et on se dit : *A l'an prochain, au jeudi 17 août 1899*. Ce sera presque la fin du siècle, mais ce sera aussi, nous l'espérons, un nouveau progrès, un accroissement continu pour notre œuvre de bonne et saine confraternité.

Dans une séance ultérieure, le Comité s'est constitué ainsi qu'il suit :

Président d'honneur : M. l'abbé ANSSELIN, doyen du Chapitre.

Président : M. l'abbé CAULLE, vicaire général.

Vice-Président : M. BOUTRY, propriétaire, Aumale.

Secrétaire : M. l'abbé ALEXANDRE, chanoine honoraire, curé-doyen, Fécamp.

Trésorier : M. F. CAMIER, négociant, Aumale.

Membres : MM. l'abbé BONAMY, chanoine honoraire, curé-doyen, Aumale.

LECHESNE, fondeur, Bolbec.

l'abbé LEGRIS, curé-doyen, Envermeu.

LEVESQUE, agriculteur, Gaillefontaine.

LEVILLAIN, curé-doyen, Forges-les-Eaux.

MONCHAUX, curé, Vieux-Rouen.

LISTE DES ADHÉRENTS

MM.

1. Adam (l'abbé), curé d'Ecalles-Alix.
2. Alexandre (l'abbé), chanoine honoraire, curé-doyen de Fécamp.
3. Ansselin (l'abbé), doyen du Chapitre, Rouen.
4. Ansselin (l'abbé), curé de Gaillefontaine.
5. Auvray (Alfred), instituteur, Saint-Jean-de-la-Neuville.
6. Bance (l'abbé), curé, Beauvois-en-Lyons.
7. Basque (l'abbé), curé de Fry.
8. Bellet (l'abbé), aumônier de l'Asile St-Yon.
9. Bly, comptable, Nesle-Normandeuse.
10. Bobée (Louis), pharmacien, Paris.
11. Boivin (l'abbé), chanoine honoraire, aumônier, Abbeville.
12. Bonamy (l'abbé), chanoine honoraire, curé-doyen d'Aumale.
13. Boulen (Charles), cultivateur, St-Maclou-de-Folleville.
14. Bautry (Narcisse), propriétaire à Aumale.
15. Brocard (l'abbé), curé, Esclavelles.
16. Brunet, propriétaire, Aumale.
17. Buignet (l'abbé), curé de Quincampoix.
18. Calippe (Albert), notaire, Héricourt-en-Caux.
19. Camier (Félix), négociant, Aumale.

20. CANTINIAU (l'abbé), curé de La Bouille.
21. CANTINIAU (l'abbé), curé de Criquetot-s.-Ouville.
22. CAULLE (l'abbé), vicaire général, Rouen.
23. CARPENTIER (l'abbé), aumônier, Boisguillaume.
24. CHEVALLIER (l'abbé), chanoine honoraire, aumônier, Rouen.
25. CHOPPIN, pharmacien, Aumale.
26. COFFRE (l'abbé), curé d'Anglesqueville-l'Esneval.
27. CORNET, Aumale.
28. DARDENNE (Léonce), ancien huissier, Argueil.
29. DEBRAY (l'abbé), curé de Floques.
30. DEBURES (l'abbé), curé de Boissay.
31. DÉCHAMPS (l'abbé), curé de Cailly.
32. DECRESSAIN (l'abbé), profess' au Petit-Séminaire, Mont-aux-Malades.
33. DELABARRE (l'abbé), curé de Crasville-la-Roquefort.
34. DELAMARRE (l'abbé), vicaire, Aumale.
35. DELBOULLE, professeur honoraire de l'Université, Grandcourt.
36. DEMAILLY (l'abbé), curé de Richemont.
37. DEMAILLY (l'abbé), curé de Bosc-Geffroy.
38. DÉMARE (l'abbé), curé de Thil-Manneville.
39. DÉMARE (l'abbé), curé de Bertreville-Saint-Ouen.
40. DENIN (Félix), maître de verrerie, Courval.
41. DESCHAMPS, propriétaire, Conteville.
42. DESCHAMPS (l'abbé), curé de Lammerville.
43. DUBOS (Jules), greffier en chef au Tribunal civil, Sedan.
44. DUCLOS (l'abbé), curé d'Arques-la-Bataille. (*)

(*) Décédé depuis la réunion.

45. Ducreux (l'abbé), curé de Réalcamp (*).
46. Ducreux (l'abbé), professeur au Petit-Séminaire, Mont-aux-Malades.
47. Duhamel (Jean), négociant, N.-D. de Bondeville.
48. Dumouchel (l'abbé), curé de Bazinval.
49. Dutot (l'abbé), curé d'Elétot.
50. Duval (Théodule), imprimeur, Neufchâtel-en-Bray.
51. Duval (Alfred), cultivateur, Saumont-la-Poterie.
52. Etennemarre (l'abbé), curé de Foucarmont..
53. Fouache, pharmacien, Beaumont-en-Auge.
54. Fouré (l'abbé), curé de Fresne-le-Plan.
55. Fournot (César), commerçant, Fécamp.
56. François (Léopold), principal de collège, Chinon.
57. Gatelas (l'abbé), curé de Grandcourt.
58. Gatelas (l'abbé), curé d'Illois.
59. Gambet (l'abbé), curé de Dampierre-en-Bray.
60. Gaudefroy (Raoul), propriétaire, Neuville-Coppegueule.
61. Gentien (l'abbé), Aumale.
62. Genty (Eugène), propriétaire, Bouafles.
63. Gréboval (l'abbé), curé de Rieux.
64. Guérard (l'abbé), vicaire à St-Michel du Havre.
65. Guerrier (l'abbé), curé de Dancourt.
66. Guignant (l'abbé), curé-doyen d'Eu.
67. Henry (l'abbé), curé de Flamers-Frétils.
68. Herbart (l'abbé), curé de Saussay.
69. Herla (l'abbé), du clergé de Rouen.
70. Hermerel (l'abbé), curé de Bures.

(*) Nommé depuis curé-doyen de Blangy-sur-Bresle.

71. Héron (l'abbé), curé de La-Chapelle-sur-Dun.
72. Heurtevent (l'abbé), curé de Marques.
73. Langlois (l'abbé), curé de Tôtes.
74. Langlois (Eugène), armurier à Dieppe.
75. Lasnel (Maximilien), propriétaire, St-Georges-sur-Fontaine.
76. Léan (l'abbé), curé de La Ferté-St-Samson.
77. Leblond (Georges), pharmacien, Neufchâtel-en-Bray.
78. Leblond (Paul), à Esclavelles.
79. Lecas (l'abbé), curé de Belleville-en-Caux.
80. Lechesne (Alfred), fondeur à Bolbec.
81. Leclerc (l'abbé), curé de Smermesnil.
82. Lecompte (Eugène), notaire à Londinières.
83. Lecoq (l'abbé), curé de Pierrecourt.
84. Lefebvre (l'abbé), curé d'Anneville-sur-Scie.
85. Lefebvre (l'abbé), curé d'Ernemont-sur-Buchy.
86. Legrand (l'abbé), curé de Campneuseville.
87. Legrand (l'abbé), curé de Douvrend.
88. Legris (l'abbé), curé-doyen d'Envermeu.
89. Lenoir (René), banquier à Amiens.
90. Lelong (Isidore), cultivateur à St-Pierre-en-Val.
91. Le Vaillant de la Valette, notaire à Goderville.
92. Lévesque (Irénée), agriculteur à Gaillefontaine.
93. Levillain (l'abbé), curé-doyen de Forges-les-Eaux.
94. Louchet (l'abbé), curé de Criquiers.
95. Mallet (César), propriétaire à Haudricourt.
96. Mascot (l'abbé), curé de St-Nicolas-d'Aliermont.
97. Mascot (l'abbé), curé de Cliponville.
98. Masse (l'abbé), vicaire à St-Maclou de Rouen.
99. Mauppin (Sosthène), ancien greffier à Péronne.

100. MAUPPIN (Abel), à Equennes.
101. MAUPPIN (Eugène), à Equennes.
102. MONCHAUX (l'abbé), curé de Vieux-Rouen.
103. MOREAU (l'abbé), curé de Gonneville-sur-Scie.
104. MORELLE (Jules), propriétaire à Bacqueville.
105. NORMAND (l'abbé), curé de Puiseux-en-Bray.
106. PAMISEUX (l'abbé), curé de Conteville.
107. PATTE (François), à Marcoquet.
108. PATTE (Léon), à Colagnies.
109. PESTEL (l'abbé), curé de Bully.
110. PESTEL (Ernest), comptable à Bois d'Ennebourg.
111. PRUVOST (Emile), docteur en médecine à Paris.
112. PULLEU (Albert), sergent de recrutement, Orléans.
113. ROBARD (l'abbé), curé de Claville-Motteville.
114. SARRAZIN (l'abbé), curé de St-Patrice, Rouen.
115. SELLIER (l'abbé), curé de Preuseville.
116. TESTU (Georges), à Blangy-sur-Bresle.
117. TOUZARD (Adolphe), propriétaire à Aumale.
118. VACANDARD (l'abbé), chanoine honoraire, aumô-
    nier du Lycée de Rouen.
119. VENAMBRE (l'abbé), curé de La Haye.
120. VIDEBOUT (l'abbé), curé de Bolleville.
121. VILLERELLE (Lucien), commissaire-priseur à
    Etampes.
122. WAQUET (l'abbé), curé de Guerville.